AF222008

Impressum
Verlag: BABADADA GmbH, Nedderfeld 112 , 22529 Hamburg
Geschäftsführer / Verlagsleitung: Harald Hof
Druck: Books on Demand GmbH, In de Tarpen 42, 22848 Norderstedt

Imprint
Publisher: BABADADA GmbH, Nedderfeld 112 , 22529 Hamburg, Germany
Managing Director / Publishing direction: Harald Hof
Print: Books on Demand GmbH, In de Tarpen 42, 22848 Norderstedt, Germany

училище
学校

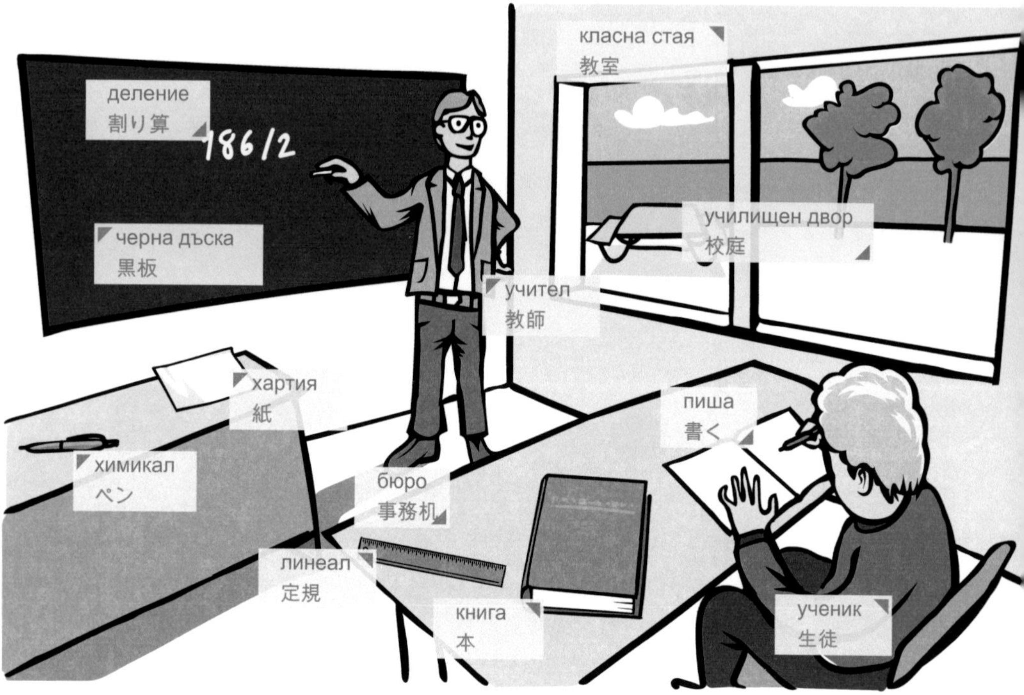
класна стая
教室
деление
割り算
186/2
черна дъска
黒板
училищен двор
校庭
учител
教師
хартия
紙
пиша
書く
химикал
ペン
бюро
事務机
линеал
定規
книга
本
ученик
生徒

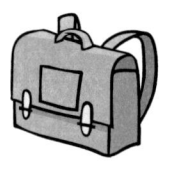

ученическа раница
ランドセル

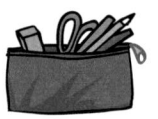

ученически несесер
筆入れ

молив
鉛筆

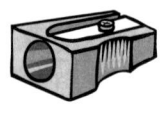

острилка за моливи
鉛筆削り

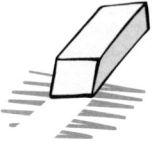

гума
消しゴム

блок за рисуване
スケッチブック

рисунка

スケッチ

четка

絵筆

акварелни бои

絵の具箱

ножица

はさみ

лепило

接着剤

тетрадка за упражнения

練習帳

домашна работа

宿題

число

数

събиране

足し算

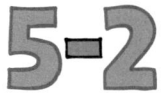

изваждане

引き算

умножение

かけ算

смятане

計算する

буква

文字

азбука

アルファベット

дума

単語

текст

テキスト

чета

読む

тебешир

チョーク

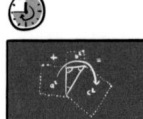

час

授業

дневник на класа

学級日誌

изпит

試験

свидетелство

通知表

ученическа униформа

制服

образование

教育

справочник

百科事典

университет

大学

микроскоп

顕微鏡

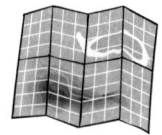

карта

地図

кошче за хартиени
отпадъци

ごみ箱

пътуване
旅行

хотел
ホテル
Grand
хостел
ホステル
ROOMS
EXCHANGE
обменно бюро
両替所
куфар
スーツケース
кола
自動車

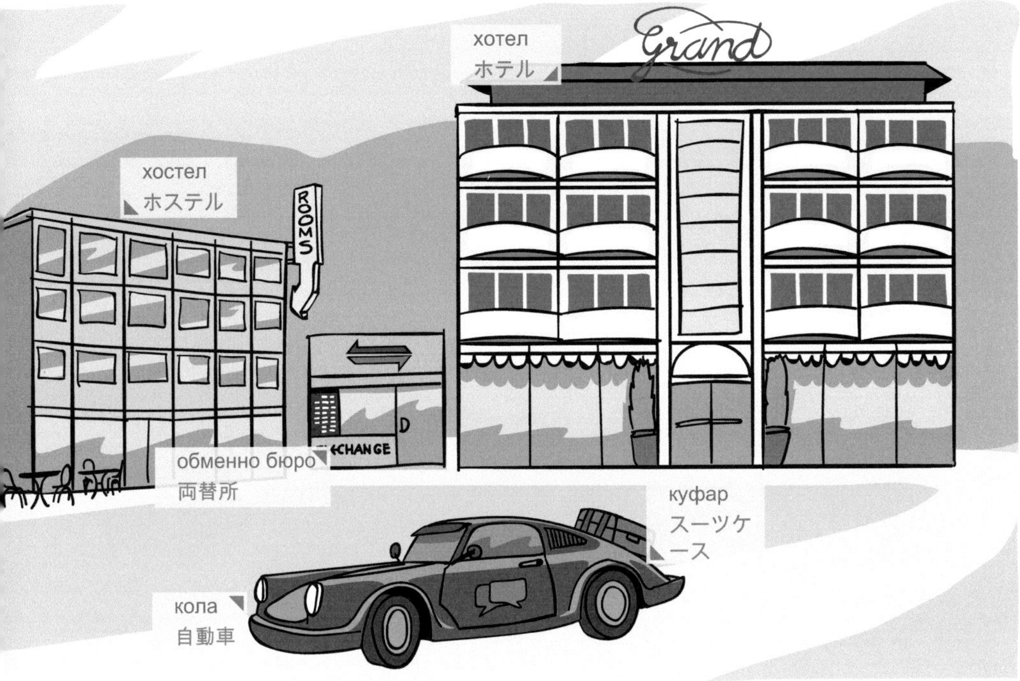

език
言語

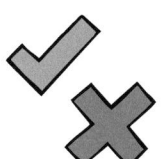

да / не
はい / いいえ

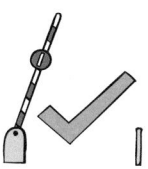

Окей
問題ない

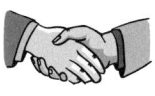

здравей
ハロー

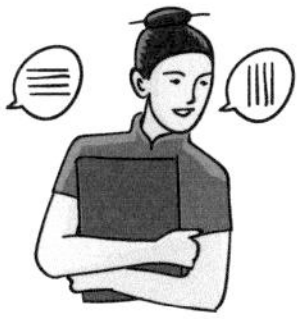

преводач
翻訳者

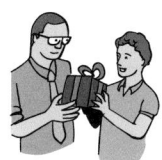

Благодаря
ありがとう

Колко струва…?

...はいくらですか？

Не разбирам

わかりません

проблем

問題

Добър вечер!

こんばんは！

Добро утро!

おはようございます！

Лека нощ!

おやすみなさい！

довиждане

さようなら

посока

方向

багаж

手荷物

пътна чанта

バッグ

раница

リュックサック

посетител

お客様

стая

部屋

спален чувал

寝袋

палатка

テント

уристическа информация

旅行者情報

плаж

ビーチ

кредитна карта

クレジットカード

закуска

朝食

обед

昼食

вечеря

夕食

билет

チケット

асансьор

エレベーター

пощенска марка

スタンプ

граница

境界

митница

税関

посолство

大使館

виза

ビザ

паспорт

パスポート

транспорт
輸送

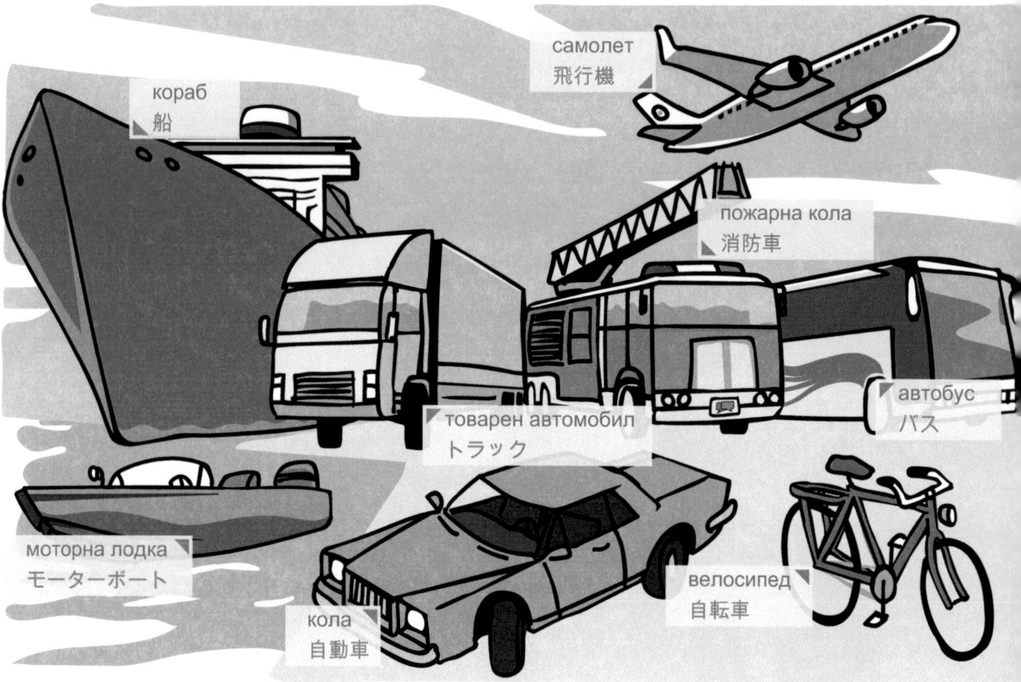

самолет
飛行機

кораб
船

пожарна кола
消防車

автобус
バス

товарен автомобил
トラック

моторна лодка
モーターボート

велосипед
自転車

кола
自動車

ферибот

フェリー

лодка

ボート

мотоциклет

バイク

полицейска кола

パトカー

състезателна кола

レーシングカー

кола под наем

レンタカー

каршеринг

カーシェアリング

автомобил от "Пътна помощ"

レッカー車

сметовоз

ごみ収集車

двигател

モーター

бензин

燃料

бензиностанция

ガソリンスタンド

пътен знак

交通標識

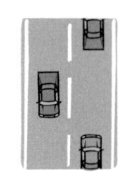

улично движение

交通

задръстване

渋滞

паркинг

駐車場

гара

駅

релси

道

влак

列車

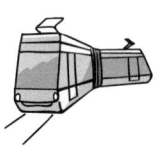

трамвай

路面電車

вагон

車両

хеликоптер

ヘリコプター

аерогара

空港

кула

タワー

пасажер

乗客

контейнер

コンテナ

кашон

段ボール箱

ръчна количка

カート

кошница

カゴ

излитам / приземявам се

離陸 / 着陸

град
都市

село

村

градски център

都心

къща

家

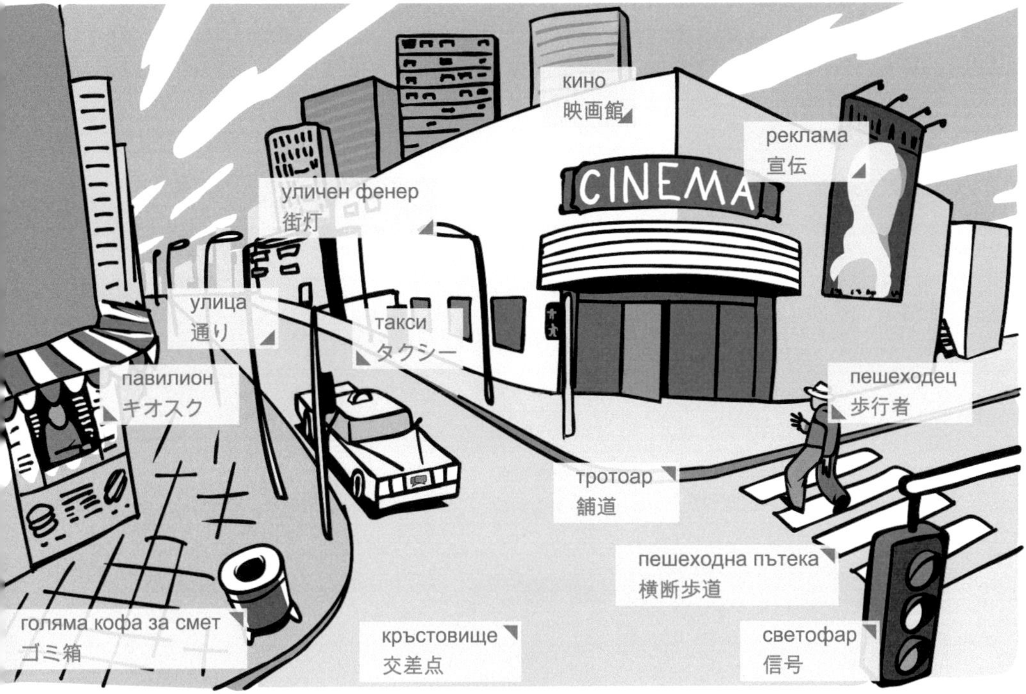

кино
映画館

реклама
宣伝

уличен фенер
街灯

улица
通り

такси
タクシー

павилион
キオスク

пешеходец
歩行者

тротоар
舗道

пешеходна пътека
横断歩道

голяма кофа за смет
ゴミ箱

кръстовище
交差点

светофар
信号

CINEMA

хижа

小屋

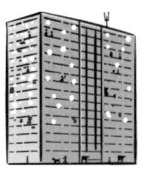

жилище

アパート

гара

駅

кметство

市役所

музей

美術館

училище

学校

университет

大学

банка

銀行

болница

病院

хотел

ホテル

аптека

薬局

офис

オフィス

книжарница

書店

магазин за цветя

ショップ

магазин за цветя

花屋

супермаркет

スーパーマーケット

пазар

市場

универсален магазин

デパート

търговец на риба

魚屋

търговски център

ショッピングセンター

пристанище

港

град - 都市

парк

公園

пейка

ベンチ

мост

橋

стълба

階段

метро

地下鉄

тунел

トンネル

автобусна спирка

バス停

бар

バー

ресторант

レストラン

пощенска кутия

ポスト

улична табелка

道路標識

часовник за паркинг
престой

パーキングメーター

зоологическа градина

動物園

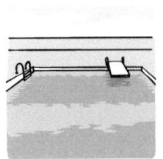

плувен басейн

スイミングプール

джамия

モスク

селски двор

農場

замърсяване на околната среда

汚染

гробище

墓地

църква

教会

детска площадка

遊び場

храм

寺

пейзаж

風景

листо
葉

пътепоказател
道標

път
道

ливада
草地

камък
石

дърво
木

пътешественик
ハイカー

река
川

трева
草

цвете
花

долина
谷

планина
山

море
湖

гора
森

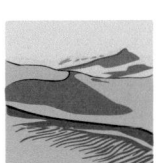

пустиня
砂漠

вулкан
火山

замък
城

дъга
虹

гъба
キノコ

палма
ヤシの木

комар
蚊

муха
ハエ

мравка
蟻

пчела
ミツバチ

паяк
クモ

бръмбар

カブトムシ

жаба

蛙

катеричка

リス

таралеж

ハリネズミ

заек

ウサギ

кукумявка

フクロウ

птица

鳥

лебед

白鳥

диво прасе

雄豚

елен

鹿

лос

ヘラジカ

бент

ダム

вятърна турбина

風力タービン

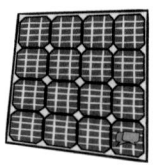

соларен модул

ソーラーパネル

климат

気候

ресторант
レストラン

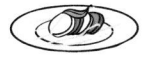

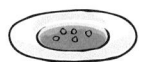

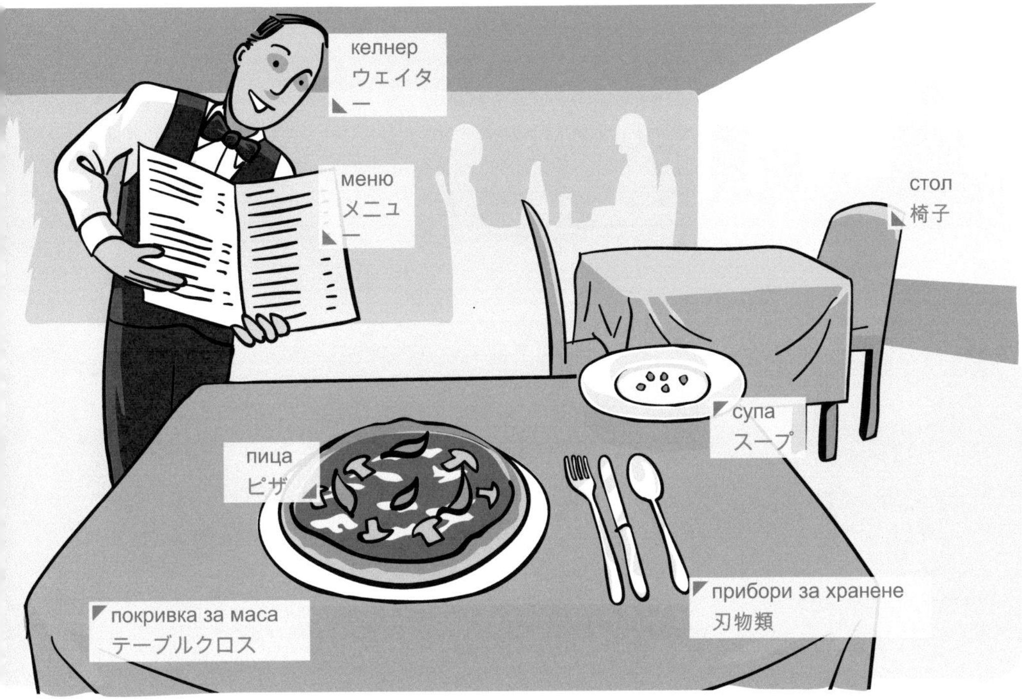
келнер
ウェイター
меню
メニュー
стол
椅子
супа
スープ
пица
ピザ
прибори за хранене
刃物類
покривка за маса
テーブルクロス

предястие
前菜

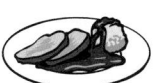

основно ястие
メインコース

десерт
デザート

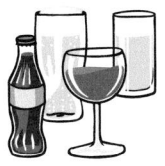

напитки
飲み物

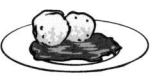

ядене
食べ物

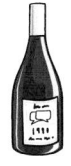

бутилка
ボトル

бързо хранене

ファストフード

улична храна

屋台の食べ物

кана за чай

ティーポット

кутия за захар

砂糖入れ

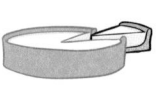

порция

一人前

еспресо машина

エスプレッソマシン

висок детски стол

幼児用食事椅子

сметка

請求書

табла

トレー

ножица за нокти

ナイフ

вилица

フォーク

лъжица

スプーン

чаена лъжичка

ティースプーン

салфетка

ナプキン

стъклена чаша

グラス

ресторант - レストラン

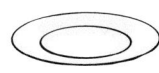

чиния

皿

чиния за супа

スープ皿

чинийка

受け皿

сос

ソース

солница

塩入れ

мелничка за черен пипер

ペッパーミル

оцет

酢

олио

油

подправки

スパイス

кетчуп

ケチャップ

горчица

マスタード

майонеза

マヨネーズ

супермаркет
スーパーマーケット

оферта
特価品
FOR
клиент
顧客
млечни продукти
乳製品
плодове
果物
количка за покупки
ショッピング・カート

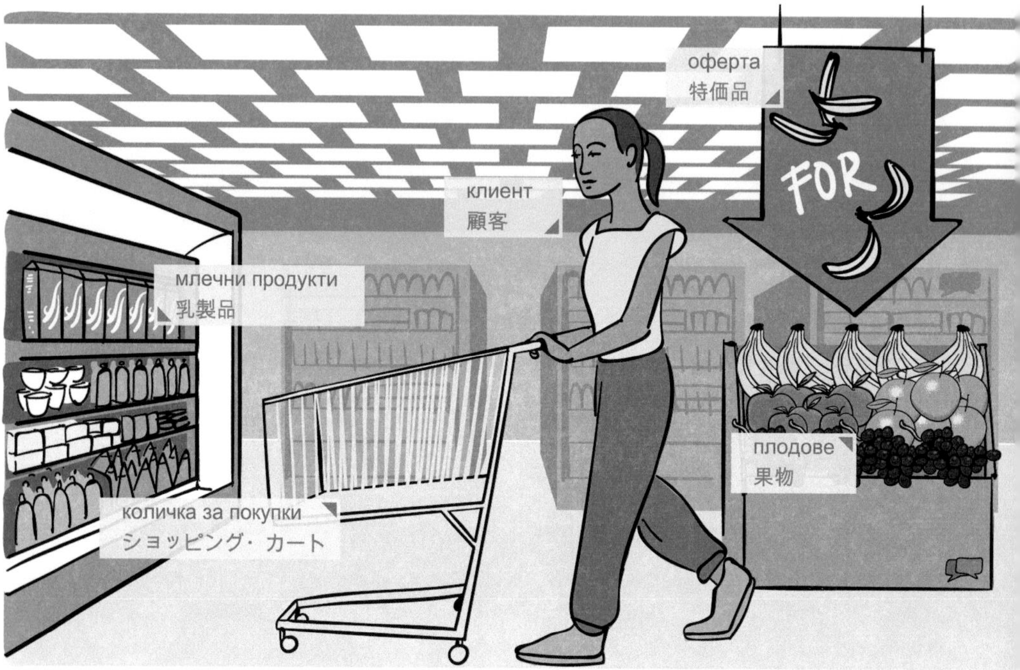

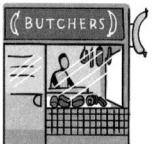

BUTCHERS

кланица

肉屋

BAKERY

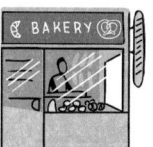

хлебарница

パン屋

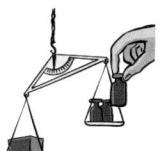

тегля

重さをはかる

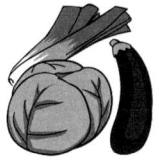

зеленчуци

野菜

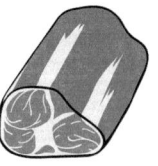

месо

肉

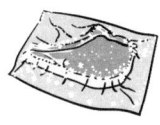

дълбоко замразена храна

冷凍食品

нарязан колбас или сирене

冷肉の薄切り

консерви

缶詰食品

перилен препарат

洗剤

лакомства

菓子

домакински изделия

家庭用品

почистващи препарати

清掃用品

продавачка

販売員

каса

現金箱

касиер

レジ係

списък на покупките

買い物リスト

работно време

開館時刻

портфейл

財布

кредитна карта

クレジットカード

чанта

バッグ

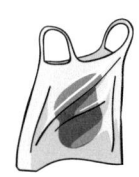

пластмасова торба

ポリ袋

飲み物

вода

水

сок

ジュース

мляко

牛乳

кола

コーラ

вино

ワイン

бира

ビール

алкохол

アルコール

какао

ココア

чай

紅茶

кафе машина

コーヒー

еспресо

エスプレッソ

капучино

カプチーノ

банан

バナナ

ябълка

リンゴ

портокал

オレンジ

пъпеш

メロン

лимон

レモン

морков

ニンジン

чесън

ニンニク

бамбук

竹

лук

玉ねぎ

гъба

キノコ

ядки

ナッツ

макарони

ヌードル

спагети

スパゲッティ

ориз

米

салата

サラダ

пържени картофи

フライドポテト

печени картофи

フライドポテト

пица

ピザ

хамбургер

ハンバーガー

сандвич

サンドウィッチ

шницел

カツレツ

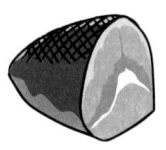

шунка

ハム

траен колбас

サラミ

салам

ソーセージ

пиле

鶏肉

печено

焼き

риба

魚

овесени ядки

麦のお粥

мюсли

ムーズリ

корнфлейкс

コーンフレーク

брашно

小麦粉

кроасан

クロワッサン

хлебчета

ロールパン

хляб

パン

препечена филийка

トースト

бисквити

ビスケット

масло

バター

извара

カッテージチーズ

сладкиш

ケーキ

яйце

卵

яйца на очи

目玉焼き

сирене

チーズ

сладолед

アイスクリーム

захар

砂糖

мед

はちみつ

мармалад

ジャム

нуга крем

ヌガークリーム

къри

カレー

селски двор
農場

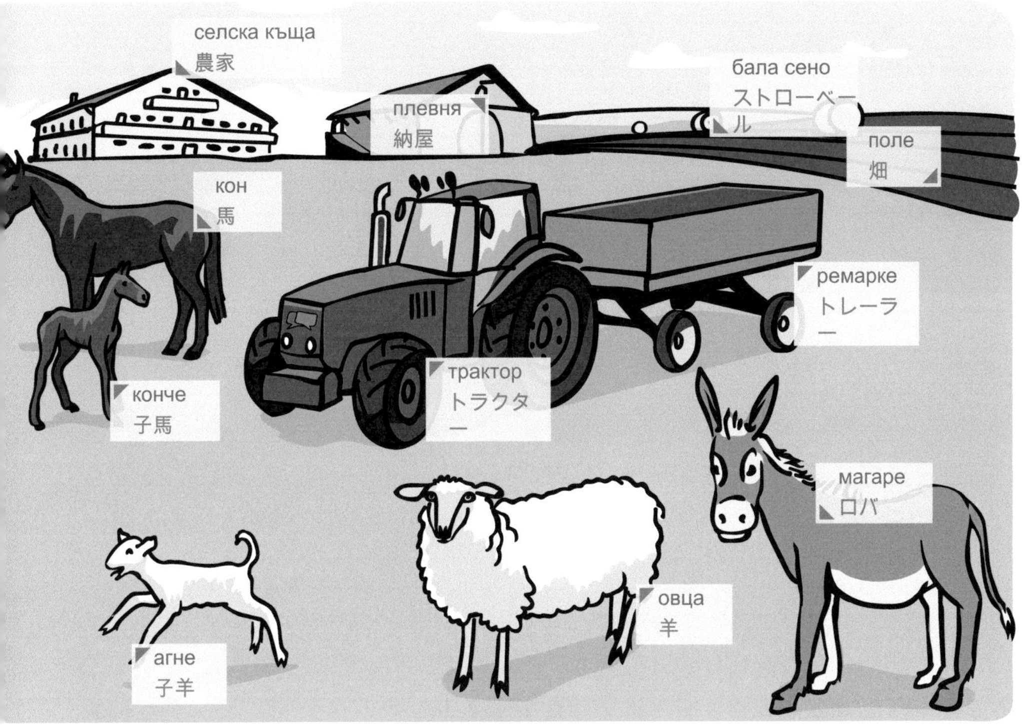
селска къща
農家
плевня
納屋
бала сено
ストローベール
поле
畑
кон
馬
ремарке
トレーラー
трактор
トラクター
конче
子馬
магаре
ロバ
овца
羊
агне
子羊

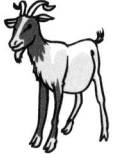

коза

ヤギ

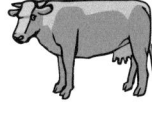

крава

雌牛

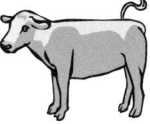

теле

子牛

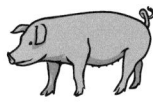

свиня

豚

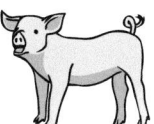

прасенце

子豚

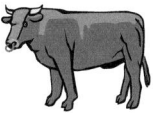

бик

雄牛

гъска

ガチョウ

патица

アヒル

пиленце

ひよこ

кокошка

にわとり

петел

おんどり

плъх

ネズミ

котка

猫

мишка

ねずみ

вол

雄牛

куче

犬

кучешка колиба

犬小屋

градински маркуч

散水ホース

лейка

じょうろ

коса

大鎌

плуг

すき

селски двор - 農場

сърп

草刈り鎌

мотика

くわ

вила за тор

堆肥用フォーク

брадва

斧

ръчна количка

手押し車

корито

かいばおけ

съд за мляко

牛乳缶

чувал

袋

ограда

フェンス

обор

畜舎

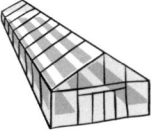

парник

温室

земя

土壌

сеитба

種

тор

肥料

комбайн

コンバイン

жъна

収穫する

реколта

収穫

ямс

ヤマイモ

жито

小麦

соя

大豆

картоф

じゃがいも

царевица

トウモロコシ

рапица

菜種

овощно дърво

果樹

маниока

キャッサバ

зърнени храни

穀物

къща

家

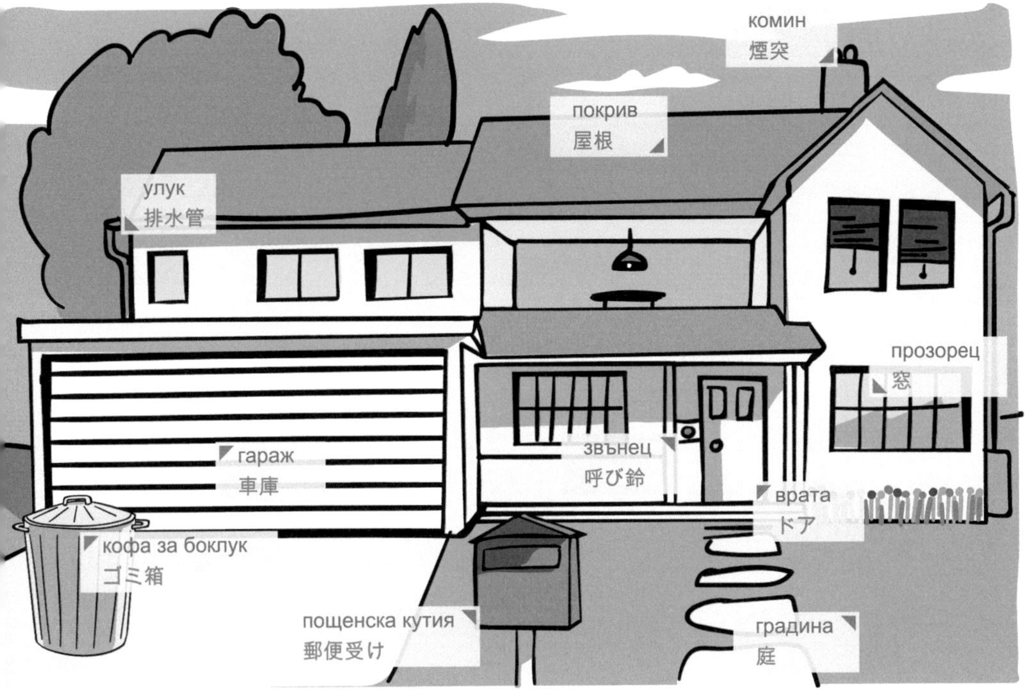

комин
煙突
покрив
屋根
улук
排水管
прозорец
窓
звънец
呼び鈴
гараж
車庫
врата
ドア
кофа за боклук
ゴミ箱
пощенска кутия
郵便受け
градина
庭

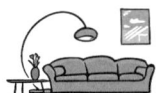

всекидневна

リビングルーム

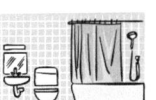

баня

浴室

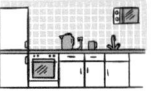

кухня

台所

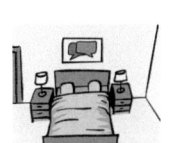

спалня

寝室

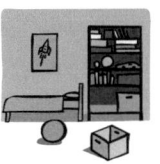

детска стая

子供部屋

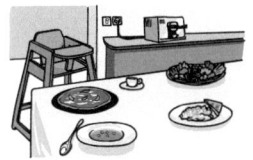

трапезария

ダイニング・ルーム

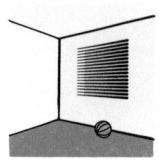

под

床

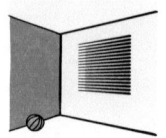

стена

壁

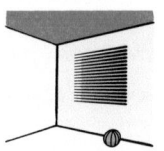

таван

天井

изба

地下貯蔵庫

сауна

サウナ

балкон

バルコニー

тераса

テラス

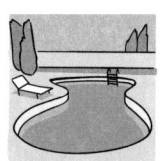

плувен басейн

プール

косачка

芝刈り機

спално бельо

シーツ

покривка за легло

ベッドカバー

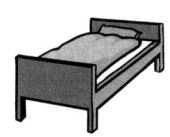

легло

ベッド

метла

ほうき

кофа

バケツ

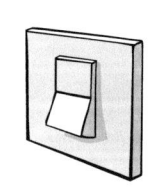

електрически ключ

スイッチ

всекидневна

リビングルーム

тапет
壁紙
картина
絵
лампа
ランプ
рафт
棚
шкаф
食器棚
телевизор
テレビ
камина
暖炉
цвете
花
възглавница
クッション
канапе
ソファ
ваза
花瓶
дистанционно управление
リモコン

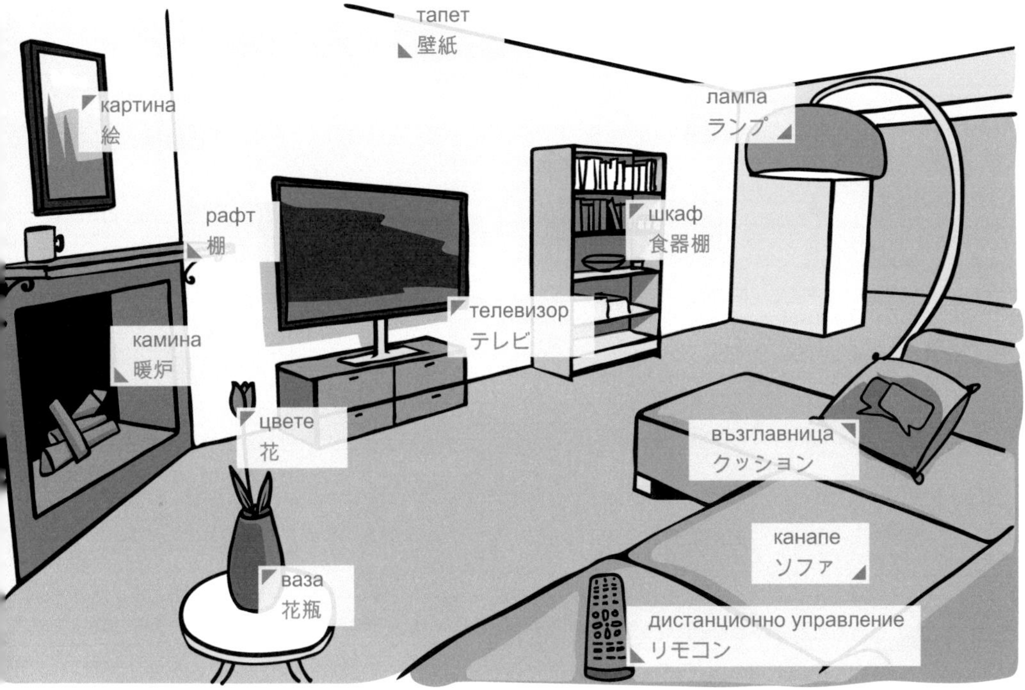

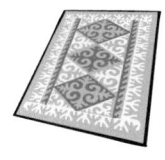

килим

カーペット

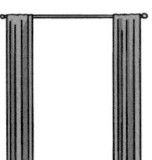

завеса

カーテン

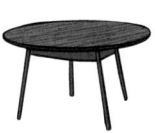

маса

テーブル

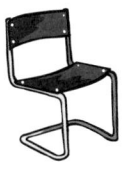

стол

椅子

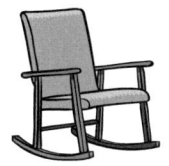

люлеещ се стол

ロッキングチェア

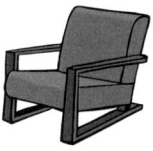

кресло

ひじ掛け椅子

книга

本

одеяло

毛布

декорация

飾り

дърва за отопление

たきぎ

филм

映画

стерео уредба

ステレオ

ключ

鍵

вестник

新聞

живопис

絵画

постер

ポスター

радио

ラジオ

бележник

メモ帳

прахосмукачка

掃除機

кактус

サボテン

свещ

ろうそく

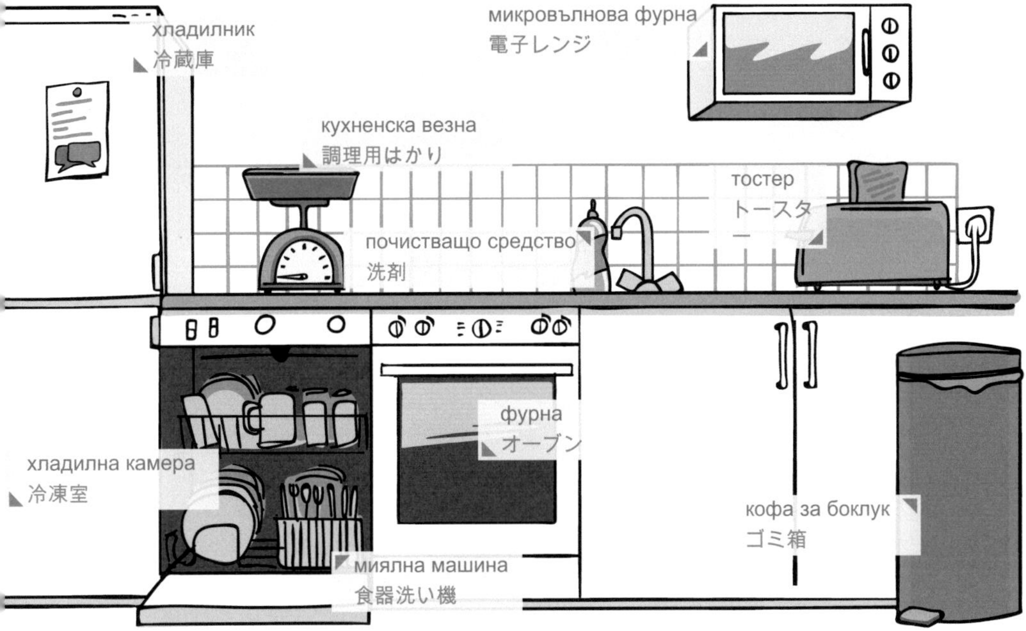

микровълнова фурна
電子レンジ

хладилник
冷蔵庫

кухненска везна
調理用はかり

тостер
トースタ

почистващо средство
洗剤

фурна
オーブン

хладилна камера
冷凍室

кофа за боклук
ゴミ箱

миялна машина
食器洗い機

готварска печка

こんろ

тенджера

鍋

желязна тенджера

鉄鍋

уок / кадаи

中華鍋 / カダイ鍋

тиган

フライパン

кана за затопляне на вода

やかん

уред за готвене на пара

蒸し器

тава за печене

天板

съдове

食器

чаша

マグカップ

купа

ボウル

клечки за хранене

箸

черпак

おたま

лопатка за тиган

へら

тел за разбиване (на яйца, белтъци)

泡立て器

кошница за варене

こし器

гевгир

ふるい

ренде

すりおろし器

хаван

すり鉢

барбекю

バーベキュー

огнище

かまど

дъска

まな板

точилка

麺棒

тирбушон

栓抜き

кутия

缶

отварачка за консерви

缶切り

кухненска ръкохватка

鍋つかみ

мивка

流し

четка

ブラシ

гъба

スポンジ

миксер

ミキサー

фризер

冷凍庫

бебешко шише

哺乳瓶

воден кран

蛇口

кухня - 台所

отопление
ヒーター

душ
シャワー

хавлиена кърпа
タオル

завеса за баня
シャワーカーテン

шампоан за вана
泡風呂

вана
浴槽

стъклена чаша
グラス

перална машина
洗濯機

воден кран
蛇口

плочки
タイル

гърне
おまる

мивка
流し

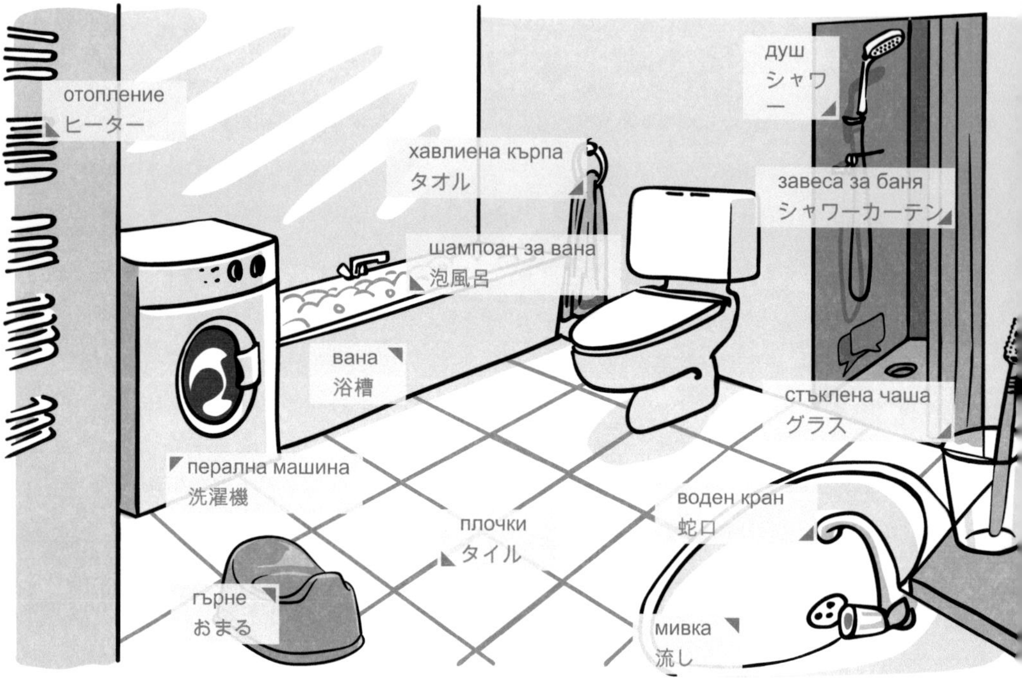

тоалетна
トイレ

клекало
和式トイレ

биде
ビデ

писоар
小便器

тоалетна хартия
トイレットペーパー

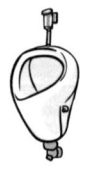

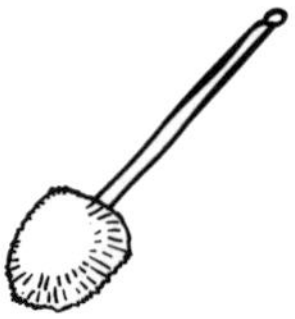

четка за тоалетна
トイレブラシ

четка за зъби

歯ブラシ

паста за зъби

歯みがき

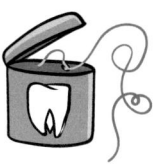

конец за зъби

デンタルフロス

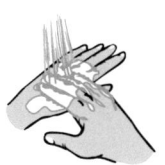

мия

洗う

ръчен душ

シャワーヘッド

интимен душ

ハンドビデ

леген

洗面台

четка за гръб

ボディブラシ

сапун

石鹸

душ гел

シャワー用ジェル

шампоан за вана

シャンプー

гъба за баня

浴用タオル

сифон

排水口

крем

クリーム

дезодорант

消臭

огледало

鏡

козметично огледало

手鏡

ръчна самобръсначка

かみそり

пяна за бръснене

シェービング・フォーム

одеколон за след
бръснене
アフターシェーブローショ
ン

гребен

櫛

четка

ブラシ

сешоар

ドライヤー

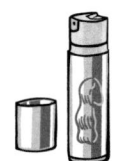

спрей за коса

ヘアスプレー

грим

化粧

червило

口紅

лак за нокти

マニキュア

памук

脱脂綿

ножица за нокти

爪切り

парфюм

香水

баня - 浴室

тоалетна чантичка

洗面用具入れ

табуретка

スツール

везна

体重計

хавлия

バスローブ

домакински ръкавици

ゴム手袋

тампон

タンポン

дамски превръзки

生理用ナプキン

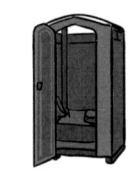

химическа тоалетна

ケミカルトイレ

детска стая

子供部屋

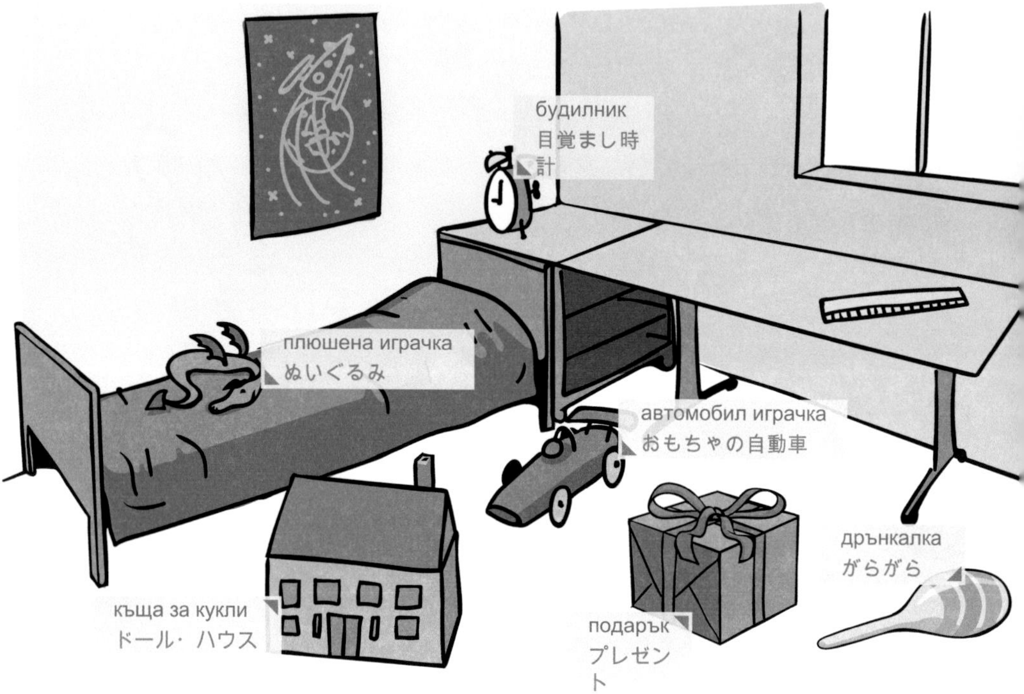
будилник
目覚まし時計
плюшена играчка
ぬいぐるみ
автомобил играчка
おもちゃの自動車
дрънкалка
がらがら
къща за кукли
ドール・ハウス
подарък
プレゼント

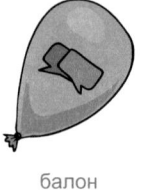

балон

風船

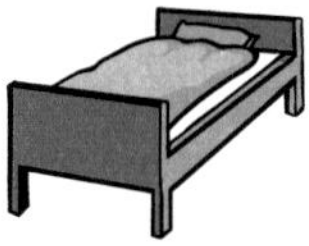

легло

ベッド

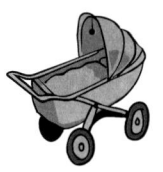

детска количка

ベビーカー

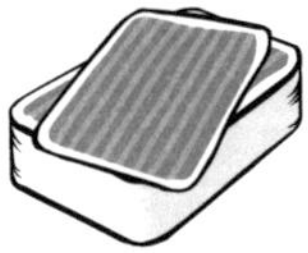

игра на карти

カードゲーム

пъзел

ジグソーパズル

SUPER
MEGA

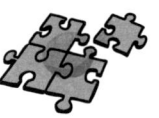

комикс

漫画

лего елементи

レゴ

строителни елементи

玩具ブロック

екшън фигурка

アクションフィギュア

бебешки гащеризон

ロンパース

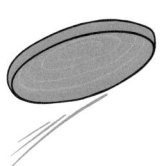

фрисби

フリスビー

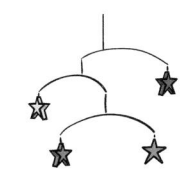

бебешки играчки за легло

モバイル

настолна игра

ボードゲーム

зарче

さいころ

миниатюрно влакче

鉄道模型

биберон

おしゃぶり

парти

パーティー

детска книга с илюстрации

絵本

топка

ボール

кукла

人形

играя

遊ぶ

пясъчник

砂場

люлка

ブランコ

играчка

おもちゃ

игрова конзола

ゲーム機

велосипед с три колелета

三輪車

плюшено мече

テディベア

гардероб

衣装ダンス

облекло

衣服

къси чорапи

靴下

дълги чорапи

ストッキング

чорапогащник

タイツ

шал
スカーフ

чадър
雨傘

Т-шърт
Tシャツ

колан
ベルт

гуменки
スニーカー

ботуши
ブーツ

пантофи
スリッパ

сандали
サンダル

обувки
靴

гумени ботуши
ゴム長靴

слип
パンツ

сутиен
ブラ

долна блуза
ベスト

боди

ボディースーツ

панталон

ズボン

дънки

ジーンズ

пола

スカート

блуза

ブラウス

риза

シャツ

пуловер

セーター

суичър

パーカー

блейзър

ブレザー

яке

ジャケット

палто

コート

дъждобран

レインコート

костюм

服装

рокля

ドレス

булчинска рокля

ウエディングドレス

костюм

スーツ

нощница

ナイトガウン

пижама

パジャマ

сари

サリー

кърпа за глава

ヘッドスカーフ

тюрбан

ターバン

бурка

ブルカ

кафтан

カフタン

абая

アバヤ

бански костюм

水着

плувни шорти

トランクス

къс панталон

半ズボン

анцуг

スウェットスーツ

престилка

エプロン

ръкавици

手袋

копче

ボタン

очила

メガネ

гривна

ブレスレット

верижка

ネックレス

пръстен

指輪

обеца

イヤリング

каскет

帽子

закачалка

ハンガー

шапка

帽子

вратовръзка

ネクタイ

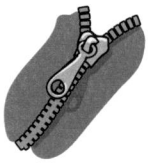

цип

ファスナー

каска

ヘルメット

тиранти

サスペンダー

ученическа униформа

制服

униформа

ユニフォーム

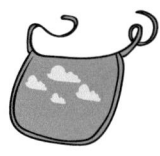

лигавник

よだれかけ

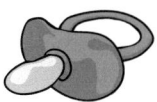

биберон

おしゃぶり

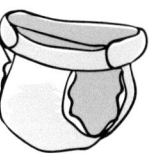

пелена

おむつ

офис
オフィス

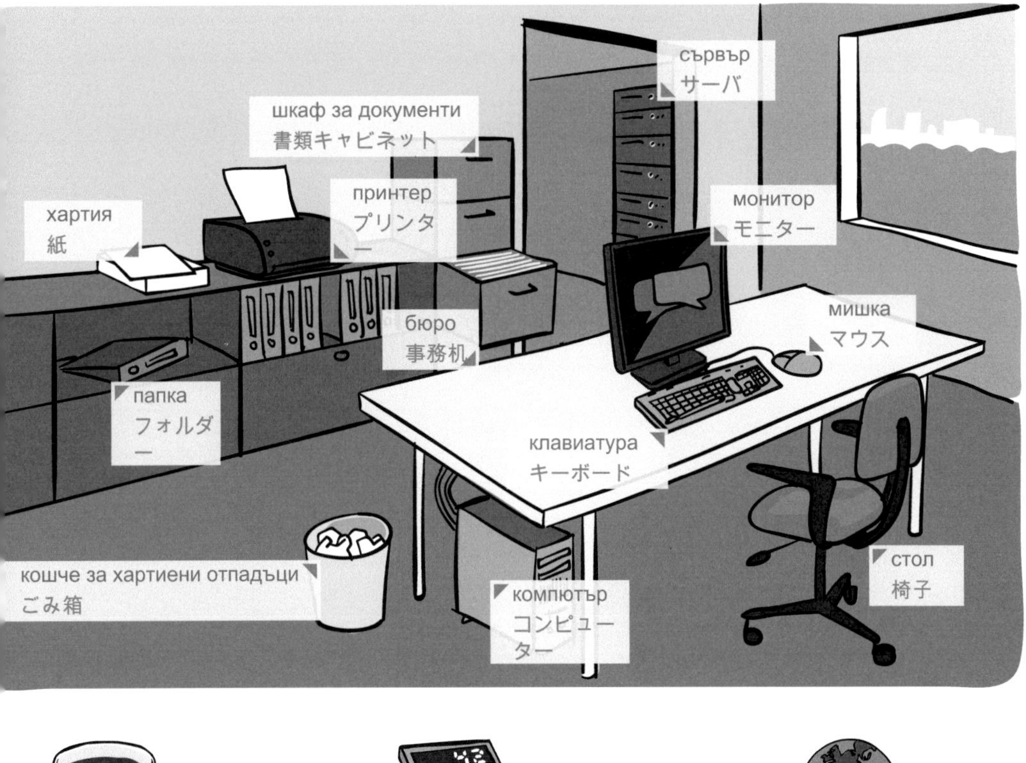

сървър
サーバ
шкаф за документи
書類キャビネット
хартия
紙
принтер
プリンター
монитор
モニター
бюро
事務机
мишка
マウス
папка
フォルダー
клавиатура
キーボード
кошче за хартиени отпадъци
ごみ箱
компютър
コンピューター
стол
椅子

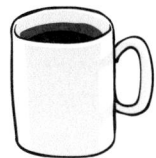

чаша за кафе

コーヒーマグ

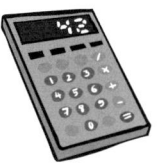

джобен калкулатор

計算機

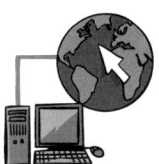

интернет

インターネット

лаптоп

ラップトップ

писмо

手紙

съобщение

メッセージ

мобилен телефон

携帯電話

мрежа

ネットワーク

ксерокс

コピー機

софтуер

ソフトウェア

телефон

電話

контакт

コンセント

факс

ファックス

формуляр

フォーム

документ

書類

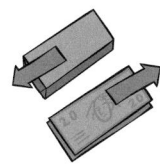

купувам
買う

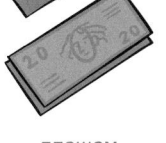

плащам
支払う

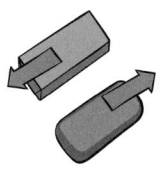

търгувам
取引する

пари
お金

USD

долар
ドル

EUR

евро
ユーロ

JPY

йена
円

RUB

рубла
ルーブル

CHF

швейцарски франк
スイスフラン

CNY

ренминби юан
人民元

INR

рупия
ルピー

банкомат
キャッシュポイント

обменно бюро

両替所

злато

金

сребро

銀

нефт

油

енергия

エネルギー

цена

価格

договор

契約

данък

税金

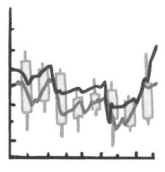

акция

株

работя

働く

служител

従業員

работодател

雇用主

фабрика

工場

магазин за цветя

ショップ

професии
職業

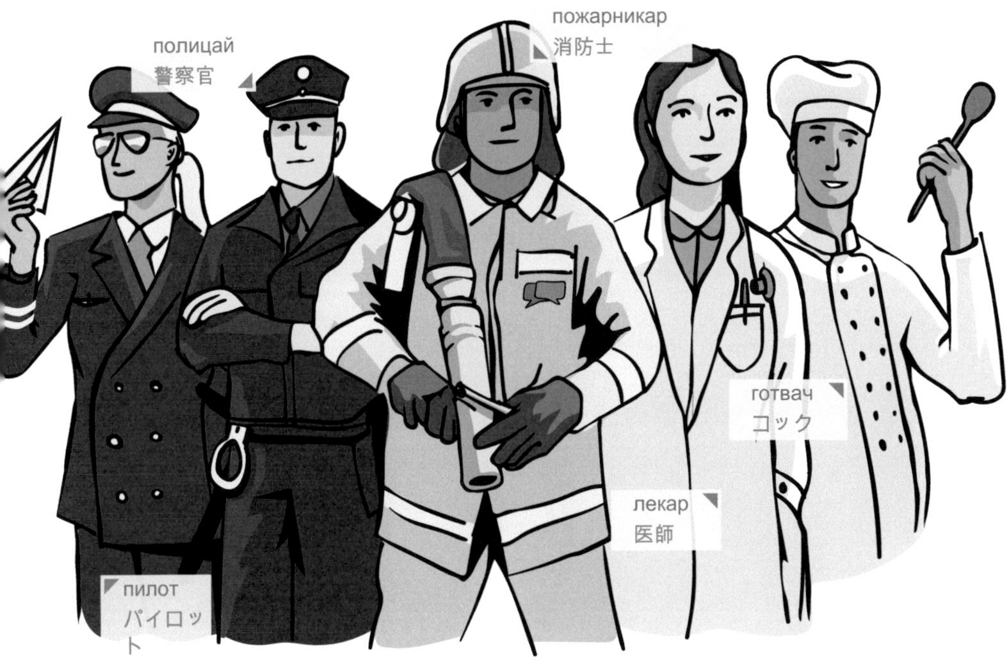
пожарникар
消防士
полицай
警察官
готвач
コック
лекар
医師
пилот
パイロット

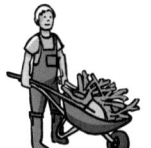

градинар

庭師

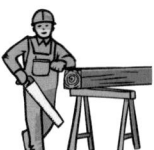

мебелист

大工

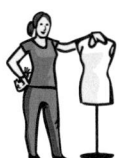

шивачка

お針子

съдия

裁判官

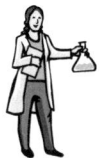

химик

化学者

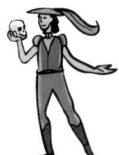

артист

俳優

шофьор на автобус

バスの運転手

шофьор на такси

タクシー運転手

рибар

漁師

чистачка

掃除婦

майстор на покриви

屋根ふき職人

келнер

ウェイター

ловец

ハンター

художник

塗装工

хлебар

パン屋

електротехник

電気工

строителен работник

建設作業員

инженер

エンジニア

касапин

肉屋

тенекеджия

配管工

пощальон

郵便配達人

войник

軍人

архитект

建築家

касиер

レジ係

цветар

花屋

фризьор

美容師

кондуктор

車掌

механик

機械工

капитан

キャプテン

зъболекар

歯科医

научен работник

科学者

равин

ラビ

имàм

イスラム導師

монах

修道士

свещеник

牧師

инструменти

道具

клещи
くぎ抜き
чук
ハンマー
отвертка
ドライバー
джобна лампа
懐中電灯
гаечен ключ
スパナ

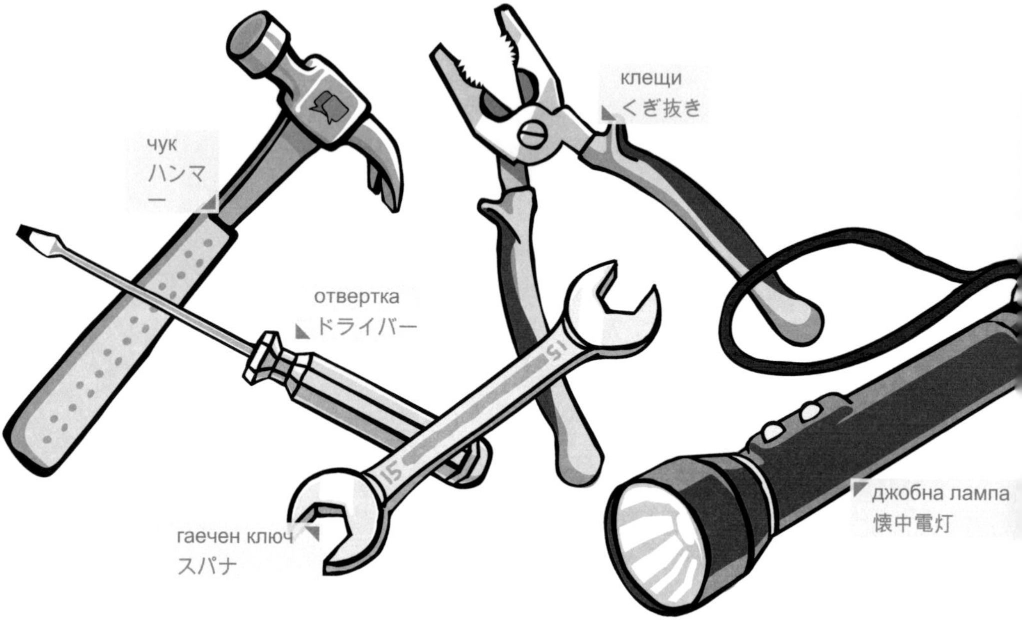

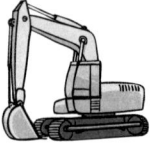

багер

掘削機

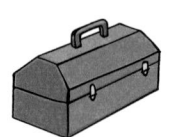

кутия за инструменти

道具箱

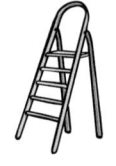

стълба

はしご

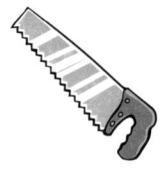

трион

のこぎり

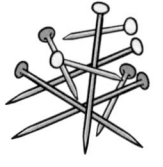

пирони

釘

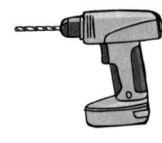

бормашина

ドリル

ремонтирам

修理する

лопата

シャベル

По дяволите!

クソ！

лопатка за смет

ちりとり

кутия за боя

ペンキ缶

болтове

ネジ

музикални инструменти

楽器

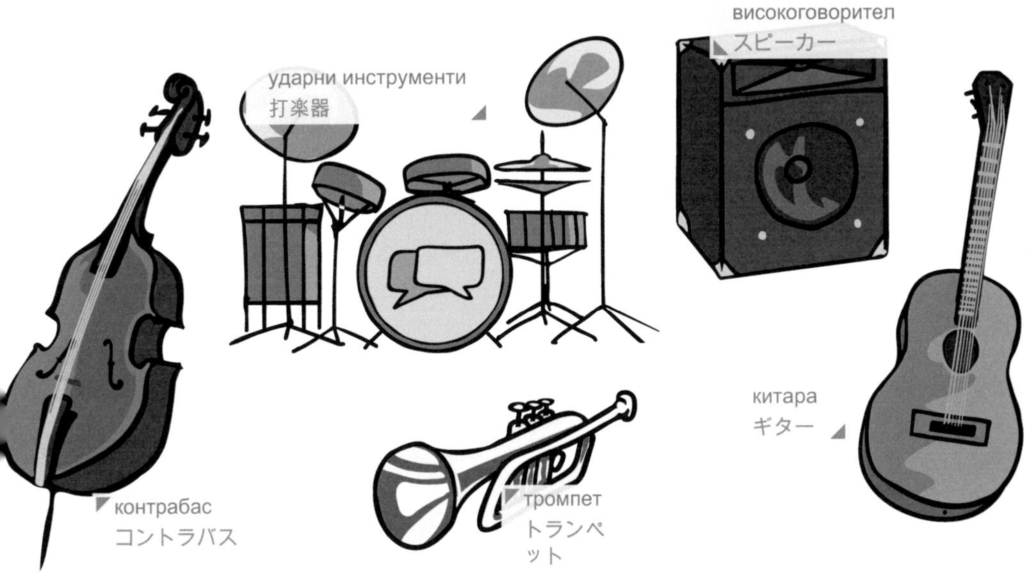

високоговорител

スピーカー

ударни инструменти

打楽器

контрабас

コントラバス

тромпет

トランペット

китара

ギター

пиано

ピアノ

виолина

バイオリン

контрабас

バス

тимпан

ティンパニ

барабан

ドラム

електрическо пиано

キーボード

саксофон

サックス

флейта

フルート

микрофон

マイクロフォン

зоологическа градина

動物園

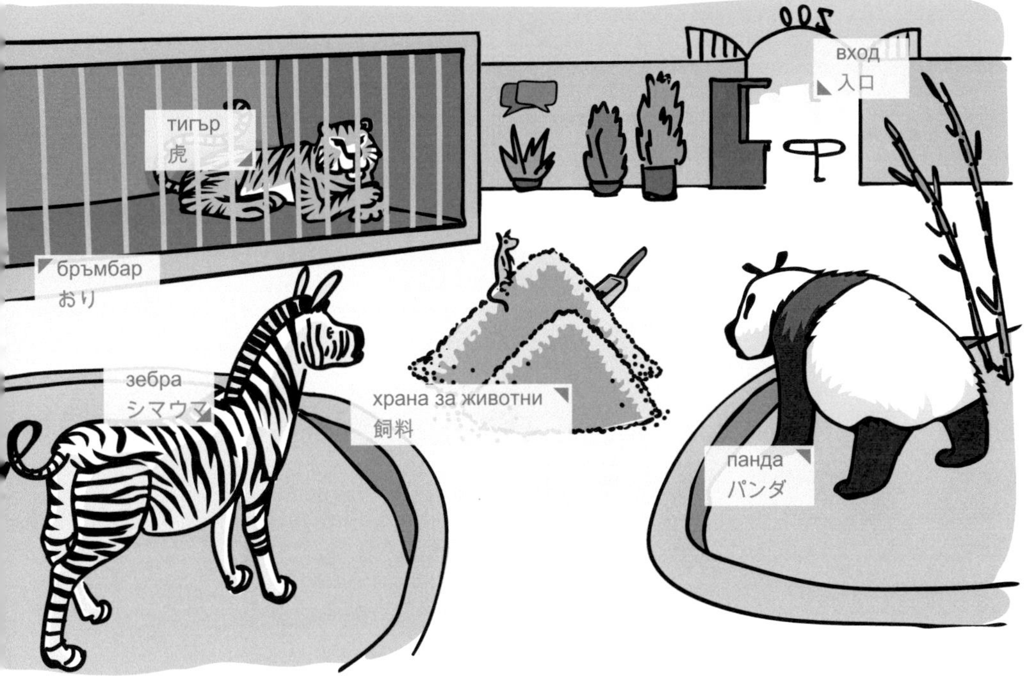
вход
入口
тигър
虎
бръмбар
おり
зебра
シマウマ
храна за животни
飼料
панда
パンダ

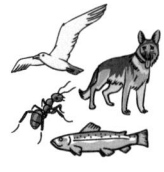

животни

動物

слон

象

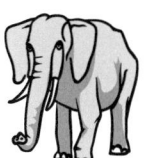

кенгуру

カンガルー

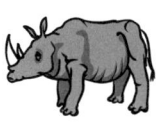

носорог

サイ

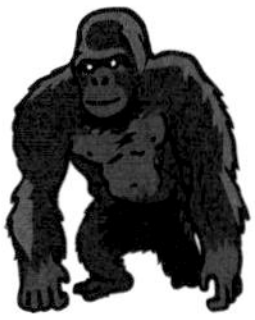

горила

ゴリラ

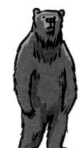

мечка

熊

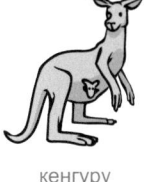

камила

ラクダ

щраус

ダチョウ

лъв

ライオン

маймуна

猿

фламинго

フラミンゴ

папагал

オウム

бяла мечка

白クマ

пингвин

ペンギン

акула

サメ

паун

クジャク

змия

蛇

крокодил

ワニ

пазач в зоологическа
градина

飼育係

тюлен

アザラシ

ягуар

ジャガー

пони

ポニー

леопард

ヒョウ

хипопотам

カバ

жираф

キリン

орел

鷲

диво прасе

雄豚

риба

魚

костенурка

亀

морж

セイウチ

лисица

狐

газела

ガゼル

американски футбол
アメフト

колоездене
サイクリング

тенис
テニス

баскетбол
バスケットボ
ール

плуване
水泳

бокс
ボクシン
グ

хокей на лед
アイスホッケー

футбол

サッカー

бадминтон

バドミントン

лека атлетика

陸上競技

хандбал

ハンドボール

ски бягане

スキー

поло

ポロ

скачам
跳ぶ

прегръщам
抱きしめる

смея се
笑う

вървя
歩く

пея
歌う

сънувам
夢見る

моля се
祈る

целувам
キス

пиша
書く

рисувам
描く

показвам
示す

бутам
押す

давам
与える

взимам
取る

имам

持っている

правя

する

съм

ある

стоя

立つ

тичам

走る

дърпам

引く

хвърлям

投げる

падам

落ちる

лежа

横たわっている

чакам

待つ

нося

運ぶ

седя

座る

обличам

着る

спя

眠る

събуждам се

目が覚める

разглеждам

見る

плача

泣く

милвам

なでる

реша се

櫛ですく

говоря

話す

разбирам

理解する

питам

質問する

слушам

聞く

пия

飲む

ям

食べる

разтребвам

片づける

обичам

愛する

готвя

料理する

карам автомобил

運転する

летя

飛ぶ

плавам (с платна)

ヨットに乗る

смятане

計算する

чета

読む

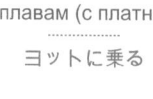

уча

学ぶ

работя

働く

женя се

結婚する

шия

縫う

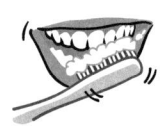

измивам си зъбите

歯を磨く

убивам

殺す

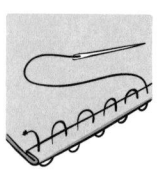

пуша

喫煙する

изпращам

送る

баба
祖母

дядо
祖父

баща
父

майка
母

бебе
赤ん坊

дъщеря
娘

син
息子

посетител

お客様

леля

おば

чичо

おじ

брат

兄弟

сестра

姉妹

тяло

体

чело
ひたい
око
目
рамо
肩
пръст
指
лице
顔
брадичка
あご
ръка
手
гърди
胸
крак
脚
ръка
腕

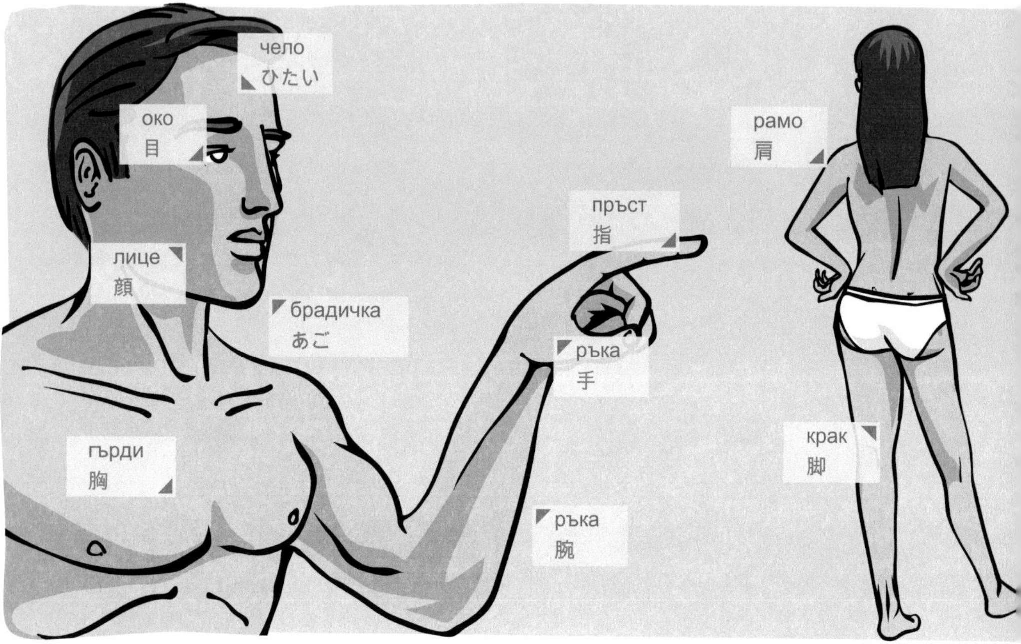

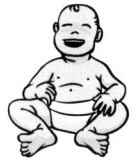

бебе

赤ん坊

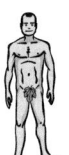

мъж

男性

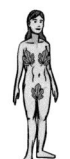

жена

女性

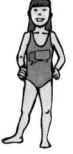

момиче

少女

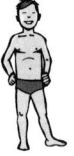

момче

少年

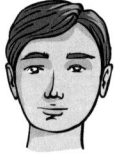

глава

頭

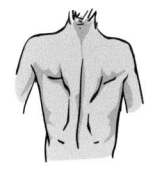

гръб

背中

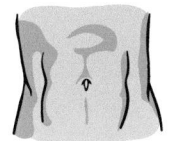

корем

腹

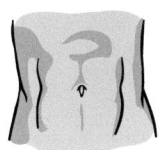

пъп

へそ

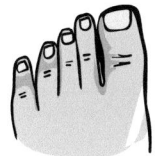

пръст на крака

足指

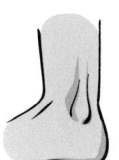

пета

かかと

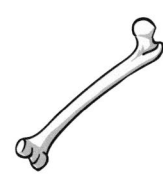

кост

骨

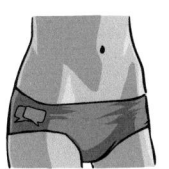

хълбок

腰

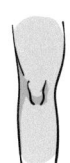

коляно

ひざ

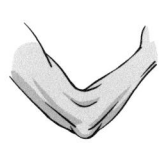

лакът

ひじ

нос

鼻

седалище

尻

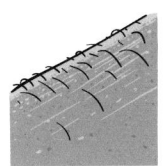

кожа

皮膚

буза

頬

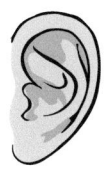

ухо

耳

устна

唇

уста

口

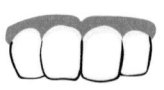

зъб

歯

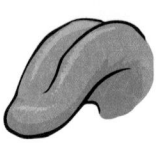

език

舌

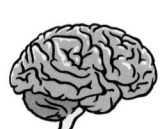

мозък

脳

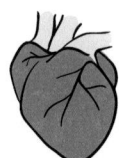

сърце

心臓

мускул

筋肉

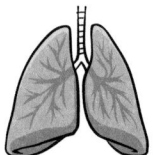

бял дроб

肺

черен дроб

肝臓

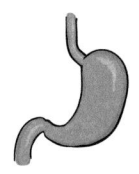

стомах

胃

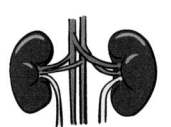

бъбреци

腎臓

полово сношение

セックス

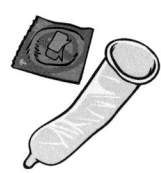

кондом

コンドーム

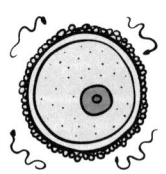

яйцеклетка

卵細胞

сперма

精液

бременност

妊娠

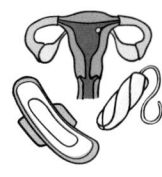

менструация

月経

вагина

膣

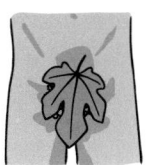

пенис

ペニス

вежда

眉

коса

髪

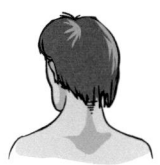

шия

首

болница
病院

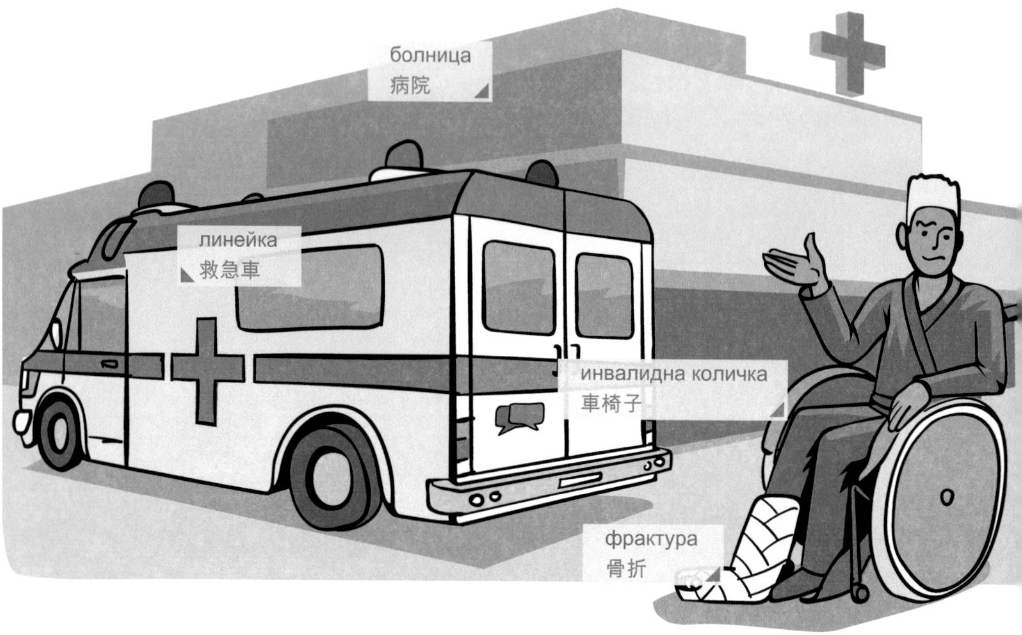

болница
病院
линейка
救急車
инвалидна количка
車椅子
фрактура
骨折

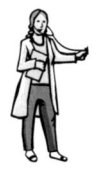

лекар

医師

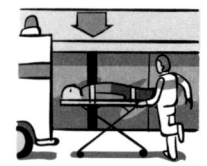

спешна хоспитализация

救急治療室

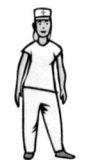

медицинска сестра

看護師

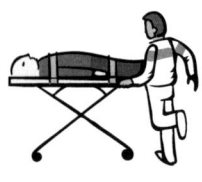

спешен случай

救急

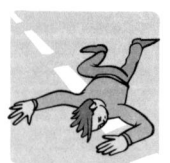

в безсъзнание

失神

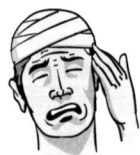

болка

痛み

нараняване

けが

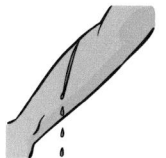

кървене

出血

инфаркт

心臓発作

инсулт

脳卒中

алергия

アレルギー

кашлица

咳

температура

熱

грип

インフルエンザ

диария

下痢

главоболие

頭痛

рак

癌

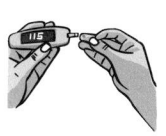

диабет

糖尿病

хирург

外科医

скалпел

外科用メス

операция

手術

болница - 病院

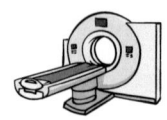

компютърна томография

CT

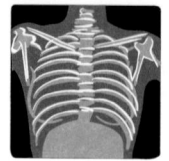

рентген

レントゲン

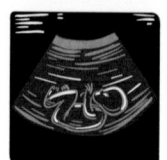

ултразвук

超音波

маска

マスク

болест

病気

чакалня

待合室

патерица

松葉づえ

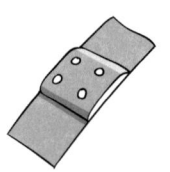

пластир

ばんそうこう

превръзка

包帯

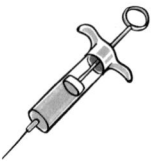

инжекция

注射

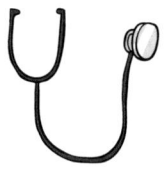

стетоскоп

聴診器

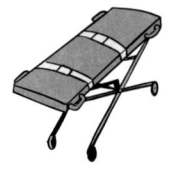

носилка

担架

термометър

体温計

раждане

出産

наднормено тегло

肥満

слухов апарат

補聴器

дезинфекционно средство

消毒剤

инфекция

感染

вирус

ウイルス

HIV / AIDS

HIV / エイズ

медицина

内服薬

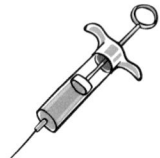

ваксинация

予防接種

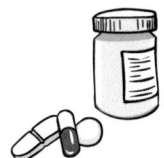

таблети

錠剤

противозачатъчна
таблетка
ピル

спешно телефонно
обаждане
緊急電話

апарат за измерване на
кръвното налягане

血圧計

болен / здрав

病気の ／ 健康な

Помощ!

助けて！

сигнал за тревога

アラーム

нападение

暴行

атака

攻撃

опасност

危険

аварien изход

非常口

Пожар!

火事だ！

пожарогасител

消火器

злополука

事故

комплект за оказване на
първа помощ

救急箱

SOS

SOS

полиция

警察

Европа

ヨーロッパ

Северна Америка

北米

Южна Америка

南米

Африка

アフリカ

Азия

アジア

Австралия

オーストラリア

Атлантически океан

大西洋

Тихи океан

太平洋

Индийски океан

インド洋

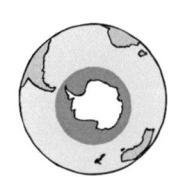

Южен ледовит океан

南極海

Северен ледовит океан

北極海

Северен полюс

北極

Южен полюс

南極

Антарктида

南極大陸

Земя

地球

суша

陸

море

海

остров

島

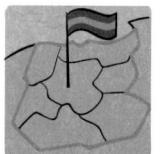

нация

国家

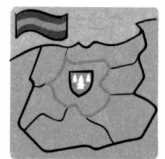

държава

国家

циферблат

文字盤

стрелка на часовете

短針

стрелка на минутите

長針

стрелка на секундите

秒針

Колко е часът?

何時ですか？

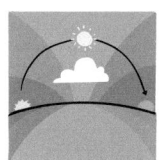

ден

日

време

時間

сега

現在

дигитален часовник

デジタル時計

минута

分

час

時間

понеделник
月曜

MO

сряда
水曜

W

петък
金曜

FR

TU

TH

SA

SO

вторник
火曜

събота
土曜

четвъртък
木曜

неделя
日曜

вчера

昨日

днес

今日

утре

明日

сутрин

朝

обед

昼

вечер

夜

MO	TU	WE	TH	FR	SA	SU
1	2	3	4	5	6	7
8	9	10	11	12	13	14
15	16	17	18	19	20	21
22	23	24	25	26	27	28
29	30	31	1	2	3	4

работни дни

営業日

MO	TU	WE	TH	FR	SA	SU
1	2	3	4	5	6	7
8	9	10	11	12	13	14
15	16	17	18	19	20	21
22	23	24	25	26	27	28
29	30	31	1	2	3	4

уикенд

週末

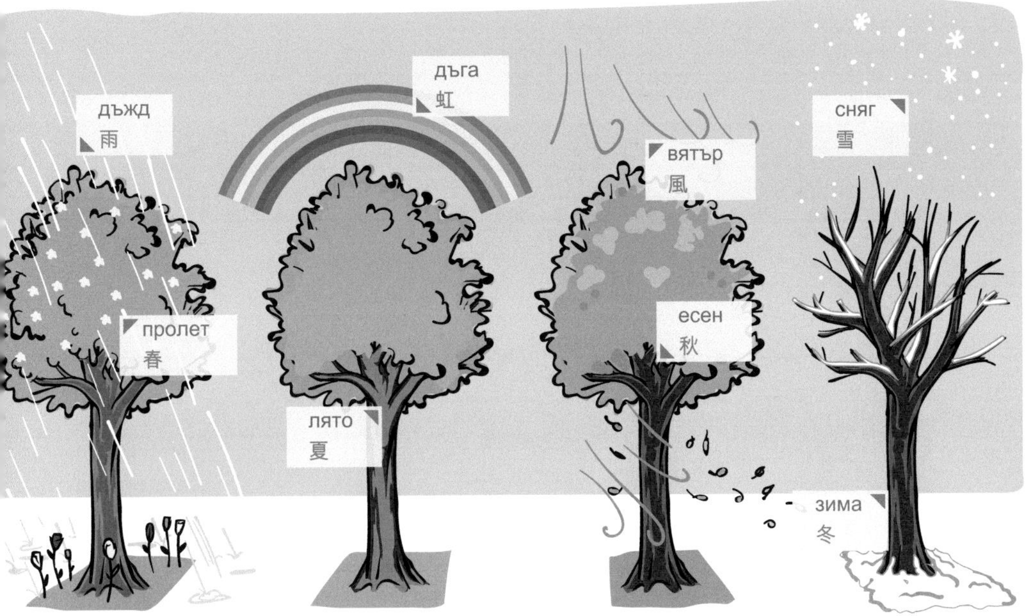

дъжд
雨

пролет
春

дъга
虹

лято
夏

вятър
風

есен
秋

сняг
雪

зима
冬

прогноза за времето

天気予報

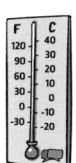

термометър

温度計

слънчева светлина

日差し

облак

雲

мъгла

霧

влажност на въздуха

湿度

светкавица

雷

гръмотевица

雷

буря

嵐

градушка

ひょう

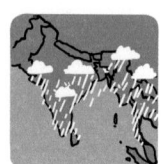

мусон

季節風

наводнение

洪水

лед

氷

януари

1月

февруари

2月

март

3月

април

4月

май

5月

юни

6月

юли

7月

август

8月

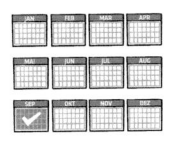

септември

9月

октомври

10月

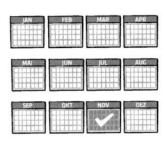

ноември

11月

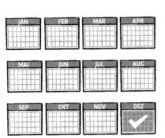

декември

12月

форми

形

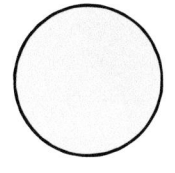

кръг

円

квадрат

正方形

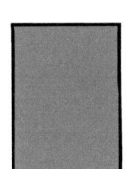

четириъгълник

長方形

триъгълник

三角

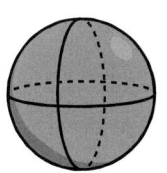

сфера

球

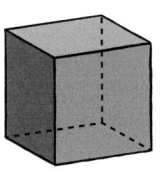

куб

立方体

бял 白	жълт 黄	оранжев オレンジ
розов ピンク	червен 赤	лилав 紫
син 青	зелен 緑	кафяв 茶
сив 灰色	черен 黒	

много / малко

多い　/　少ない

ядосан / спокоен

怒っている /
落ち着いている

красив / грозен

美しい　/　醜い

начало / край

初め　/　終わり

голям / малък

大きい　/　小さい

светъл / тъмен

明るい　/　暗い

брат / сестра

兄弟　/　姉妹

чист / мръсен

清潔な / 汚い

пълен / непълен

完全な　/　不完全な

ден / нощ

日中　/　夜

мъртъв / жив

死んだ　/　生きている

широк / тесен

幅広い　/　狭い

ядлив / неядлив

食べられる /
食べられない

сърдит / любезен

悪意のある / 親切な

развълнуван / скучаещ

興奮している /
退屈している

дебел / тънък

太った / 痩せた

най-напред / най-накрая

最初に / 最後に

приятел / враг

友人 / 敵

пълен / празен

いっぱいの / 空の

твърд / мек

硬い / 柔らかい

тежък / лек

重い / 軽い

глад / жажда

空腹 / 喉の渇き

болен / здрав

病気の / 健康な

нелегален / легален

違法な / 合法な

интелигентен / глупав

賢い / 愚かな

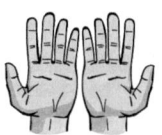

ляво / дясно

左に / 右に

близо / далече

近い / 遠い

нов / употребяван

新しい / 中古の

нищо / нещо

何もない / 何かある

стар / млад

老いた / 若い

вкл. / изкл.

オン / オフ

отворен / затворен

開いている /
閉まっている

тих / силен (звук)

静かな / うるさい

богат / беден

裕福な / 貧乏な

правилен / погрешен

正しい / 間違っている

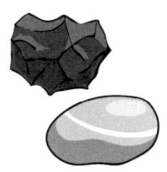

грапав / гладък

粗い / なめらか

тъжен / щастлив

悲しい / 幸せな

дълъг / къс

短い / 長い

бавен / бърз

ゆっくり / 速い

мокър / сух

濡れた / 乾いた

топъл / студен

温かい / 冷たい

война / мир

戦争 / 平和

противоположности - 反対

0
нула
ゼロ

1
едно
1

2
две
2

3
три
3

4
четири
4

5
пет
5

6
шест
6

7
седем
7

8
осем
8

9
девет
9

10
десет
10

11
единадесет
11

12

дванадесет

12

13

тринадесет

13

14

четиринадесет

14

15

петнадесет

15

16

шестнадесет

16

17

седемнадесет

17

18

осемнадесет

18

19

деветнадесет

19

20

двадесет

20

100

сто

100

1.000

хиляда

1000

1.000.000

милион

100万

английски

英語

американски английски

アメリカ英語

китайски мандарин

中国標準語

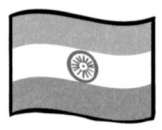

хинди

ヒンディー語

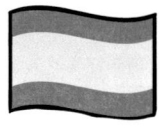

испански

スペイン語

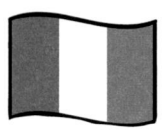

френски

フランス語

арабски

アラビア語

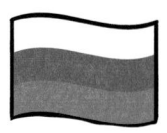

руски

ロシア語

португалски

ポルトガル語

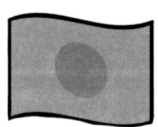

бенгалски

ベンガル語

немски

ドイツ語

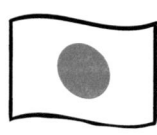

японски

日本語

аз

私

ти

あなた

той / тя / то

彼 / 彼女 / それ

ние

私たち

вие

あなたたち

те

彼ら

кой?

誰？

какво?

何？

как?

どうやって？

къде?

どこ？

кога?

いつ？

име

名前

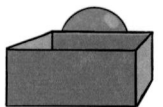

зад

後ろ

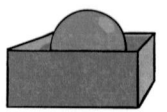

в

中

пред

前

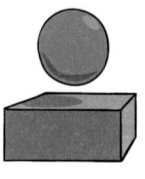

над

上

върху

上

под

下

до

横

между

間

място

場所